Migration und Glaube:
Grundwissen für interkulturelle Pastoral

Eva Baumann-Neuhaus

Migration und Glaube:
Grundwissen für interkulturelle Pastoral

Pastoralsoziologische Impulse 1
herausgegeben vom SPI, St.Gallen

Pastoralsoziologische Impulse aus dem SPI

Liebe Leserin, lieber Leser

Das SPI erarbeitet Grundwissen für Pastoral und Kirchenentwicklung. Migration ist ein wichtiges Forschungsfeld unserer Arbeit. Die Seelsorge in der Schweiz ist häufig mit Migrationserfahrungen konfrontiert. Fremdheit und Verunsicherung sind dabei nicht allein Sache der Migrantinnen und Migranten. Auch die Einheimischen erleben Irritationen im Umgang mit Menschen aus anderen Kulturen. Somit sind alle zu interkulturellem Lernen herausgefordert. Das betrifft nicht zuletzt die Seelsorge und das Leben in Pfarreien, Kirchgemeinden und anderssprachigen Gemeinschaften.

Dieser Auftaktband der Pastoralsoziologischen Impulse aus dem SPI fokussiert zwei Themen:

① Welche Rolle spielt der Glaube im Leben christlicher Migrantinnen und Migranten? Welche unterschiedlichen Glaubenstypen lassen sich erkennen? Die Informationen in diesem Band fördern ein vertieftes Verständnis für unterschiedliche Glaubensweisen und ihnen entsprechende Bedürfnisse und Erwartungen an die Seelsorge. Seelsorgeangebote für Migrantinnen und Migranten können auf dieser Grundlage entwickelt oder angepasst werden.

② Wie funktionieren anderssprachige Gemeinschaften in der Kirche? Was leisten sie für die Menschen? Wie finden Menschen in ihnen eine Heimat? Die Antworten auf diese Fragen bieten wichtiges Basiswissen für Gemeindeaufbau und für die konzeptionelle Weiterentwicklung anderssprachiger und einheimischer Gemeinden.

Die neue Reihe der Pastoralsoziologischen Impulse aus dem SPI wird mit dem Band Migration und Glaube: Grundwissen für interkulturelle Pastoral von Eva Baumann-Neuhaus eröffnet. Die Pastoralsoziologischen Impulse richten sich an Seelsorgende und Kirchenverantwortliche. Sie bieten Überblickswissen zu pastoralen Arbeitsfeldern und dienen als Anregung für die Entwicklung oder Vertiefung pastoraler Konzepte.

Das SPI möchte die Pastoralsoziologischen Impulse möglichst gut auf Ihre Bedürfnisse abstimmen. Für Ihr Feedback sind wir Ihnen daher dankbar.

Arnd Bünker
Institutsleiter SPI

info@spi-sg.ch
www.spi-sg.ch

Worum geht es?

Christliche Migration im Fokus

Im Sinne einer gendergerechten und inklusiven Sprache werden im Text männliche und weibliche Wortformen abwechslungsweise verwendet

Migration gehört zur Menschheitsgeschichte. In Europa ist die Schweiz geradezu ein Musterbeispiel eines Migrationslandes. Seit den 1960er Jahren sind hier rund 6 Millionen Menschen (ohne Saisonniers) zu- und wieder ausgewandert. Viele sind geblieben und haben sich eingebürgert. Die Schweiz ist durch die Migration zu einem kulturell und religiös vielfältigen Land geworden.

Bis heute gehört die Mehrheit der Zuwanderer einer christlichen Kirche an. Sie bringen «unterschiedliche Christentümer» in die Schweiz, die das Gesicht der Kirchen verändern. Im katholischen und evangelischen Umfeld hat die Zuwanderung im Laufe der Zeit etwa zur Bildung von zahlreichen «Migrationsgemeinden» geführt, die Teil der Schweizer Kirche sind oder als unabhängige Organisationen existieren.

Das Schweizerische Pastoralsoziologische Institut (SPI) untersuchte zwischen 2015 und 2019 die christliche Zuwanderung in der Schweiz und schloss damit nicht nur eine Forschungslücke. Die Ergebnisse liefern vielfältiges Grundlagenwissen für Seelsorgende und kirchlich Engagierte, die in einer migrantisch geprägten Gesellschaft und Kirche nach Wegen des Miteinanders in Verschiedenheit suchen.

Dieses Büchlein präsentiert die wichtigsten Ergebnisse der SPI-Studie, die der Frage nachging, welche Bedeutung Glaube und Glaubensgemeinschaft für Menschen mit Migrationserfahrungen haben. Dabei zeigen sich unterschiedliche Prägungen und Bedürfnisse, aber auch unterschiedliche Ausdrucksformen und Potentiale von Religion, die gerade in

Zeiten des Umbruchs und der Veränderung sichtbar und wirksam werden.

Wie Religion zu einer Ressource wird

Migration ist der auf Dauer angelegte Wechsel des Lebensmittelpunktes in einen anderen und oft fremden Kontext. Das stellt die Betroffenen vor grosse Herausforderungen. Sie stehen im Mittelpunkt dieses Büchleins: Was haben sie erlebt? Was beschäftigt sie? Wie meistern sie ihr «neues» Leben? Welche Ressourcen mobilisieren sie? Welche Rolle spielt die Religion?

Es geht um die Frage, inwiefern die Religion – in ihrer subjektiven Form als Religiosität, aber auch in ihrer sozialen Form als Gemeinschaft – für die Migranten während und nach der Migration hilfreich ist und wie sie diese Ressource nutzen können.

Die Grundlage der Darstellungen bilden narrative Interviews mit mehr als zwanzig zugewanderten Frauen und Männern sowie diverse Besuche in Migrationsgemeinden.

...als Sinnsystem und Deutungshilfe

Migration bedeutet immer einen biographischen Einschnitt und ist verbunden mit einer Neuorientierung. In solchen Zeiten kann die Religion zu einer hilfreichen Ressource werden, denn sie bietet einen sinnstiftenden Umgang mit Brucherfahrungen und ermöglicht Orientierung und Halt.

Wie Religion genutzt wird, ist individuell jedoch verschieden. Das Büchlein gibt Einblick in unterschiedliche Muster der religiösen Verarbeitung von Migrationserfahrungen und zeigt wie Migrantinnen Glaube, Migration und Biographie miteinander verknüpfen. Die einen sind von der Gewissheit getragen: «Gott hat einen Plan für mein Leben.» Darin ordnen sie auch die Migrationserfahrung ein und entdecken sogar in schwierigen Zeiten die Führung Gottes. Andere erfahren die Migration ambivalenter und finden in der Glaubensgemeinschaft die verlorene Kontinuität wieder: «Meine Migrationsgemeinde ist mein Schutz und mein Zuhause.» Wieder andere betrachten die Migrationserfahrung und die damit verbundene Neuorientierung als persönliche Entwicklungschance und sagen sich: «Mein Leben und mein Glaube sind ein dauernder Lernprozess.» Schliesslich gibt es jene, die eher pragmatisch unterwegs sind und mit oder ohne Religion nach dem Motto leben: «Ich nehme das Leben wie es ist und mache das Beste daraus.»

...als Gemeinschaft und Schutzort

Die Migration bringt auch immer Trennungserfahrungen mit sich. Viele Migranten fühlen sich im neuen Land einsam und verlassen. Die religiöse Migrationsgemeinschaft bietet diesen Menschen vielfältige Unterstützung an und ermöglicht ihnen eine kulturell-soziale und spirituelle Beheimatung.

Das Büchlein gibt Einblick in verschiedene Unterstützungsleistungen und Funktionen der Migrationsgemeinden. Migrantinnen bekommen hier Informationen und praktische Hilfe zur Bewältigung von Alltagsproblemen. Viele erleben eine familiäre Gemeinschaft und erfahren auch in spiritueller Hinsicht eine Ermutigung und Stärkung.

Migranten werden mit der Migration jedoch nicht automatisch Teil einer solchen Gemeinschaft. Sie brauchen andere, die ihnen den Zugang eröffnen und sich auf sie einlassen. Geschieht dies nicht, ziehen sie sich meist wieder zurück und verlieren damit auch die Unterstützung der Gemeinschaft.

Die Migrationspastoral der Zukunft

Was bedeuten diese Erkenntnisse für die kirchliche Praxis, für die Migrationspastoral? In Interviews, die in diesem Büchlein abgedruckt sind, nehmen verschiedene Kirchenvertreter und Seelsorgerinnen Stellung und reflektieren die Erkenntnisse auch vor dem Hintergrund eigener Erfahrungen. «Die katholische Kirche Schweiz ist von der Migration betroffen und wird durch sie bereichert. Sie muss lernen, sich für diese Realität zu öffnen, mit Ungewohntem und Fremdem in Dialog zu treten, dieses zu reflektieren und nach Bedarf zu integrieren», sagt Karl-Anton Wohlwend, Direktor von Migratio. «Das Ziel ist, dass wir uns auf den Weg machen. Wünschenswert ist, dass sich daraus ein vermehrtes Miteinander ergibt, das facettenreich und farbig ist.»

1. Migration: Warum es sie gibt und was sie bedeutet

1.1 Menschen suchen nach einem besseren Leben

Migration gehört zur Menschheitsgeschichte. Schlechte Lebensumstände, Gewalt, Umweltprobleme, mangelnde Perspektiven und die wachsende Kluft zwischen armen und reichen Ländern lassen Menschen seit jeher aufbrechen – in der Hoffnung, an einem anderen Ort ein gutes, glückliches und sicheres Leben zu finden.

«Schweren Herzens verliess ich mein Land, nicht wahr? Auf der Suche nach einer besseren Zukunft. Und so kam ich nach Europa. Ich weiss, was ich erlebt habe, was Armut ist…, wenn es keine Schokolade und keinen Kuchen oder so etwas gibt, nicht wahr?»

ESPERANZA, 55, PERU

Noch nie zuvor in der Geschichte lebten mehr Menschen fern ihrer Heimat. Die globale Migration, begünstigt durch die globalisierte Arbeitswelt, die neuen Kommunikationsmittel und günstige Transportmöglichkeiten, ist in den letzten Jahrzehnten stark angewachsen.

1.2 Verunsicherung und die Suche nach Anschluss prägen den Alltag

Migration fordert heraus, denn wer sein Zuhause verlässt, wechselt nicht nur den Wohnort. Konfrontiert mit einer fremden Sprache und Alltagskultur müssen die Migranten vieles von Grund auf neu lernen. Das verunsichert und ist anstrengend. Es verwundert darum nicht, dass viele in dieser Zeit ihre Familie und Freunde vermissen und sich einsam fühlen.

«Mein Vater und meine Mutter können nicht hier sein. Ich fühlte mich lange sehr allein. Ich habe viel Heimweh gehabt und gefühlt: Jetzt bin ich allein in diesem Land.»

MARIANA, 28, VENEZUELA

Migrantinnen brauchen viel Geduld und eine hohe Frustrationstoleranz, denn die Neuorientierung ist mit Hürden verbunden. Wenn dann auch das eigene Verhalten in der Schweiz auf Unverständnis stösst, verstärkt sich das Gefühl des Fremdseins.

Die Herausforderungen sind vielfältig, doch nicht alle kämpfen mit den gleichen Schwierigkeiten.

So macht etwa der Flüchtling aus Afghanistan Brucherfahrungen, welche die Studentin aus Kanada nicht kennt. Die Schweizer Kultur ist ihm fremd und er lebt monatelang mit einem unsicheren Aufenthaltsstatus. Wenn er bleiben kann, muss er auf dem Arbeitsmarkt unten beginnen, denn seine Ausbildung wird hier mit grosser Wahrscheinlichkeit nicht anerkannt. Die junge Kanadierin dagegen kann in der Schweiz nahtlos an ihrer beruflichen Karriere weiterbauen. Den kulturellen Bruch empfindet sie auch, doch sie ist von Anfang an in soziale Netzwerke eingebettet. Wenn das Heimweh trotzdem drückt, fliegt sie in den Ferien nach Hause.

Wie Menschen ihre Migration und die Zeit danach erleben, hängt von individuellen und strukturellen Faktoren ab. Je nach Migrationsgeschichte, Alter, Geschlecht, Bildung, Familienhintergrund und Finanzlage, aber auch je nach kognitiven, sozialen und emotionalen Kompetenzen gelingt das Fuss-Fassen am neuen Ort besser oder schlechter.

Natürlich hängt dieses Gelingen nicht allein von den Migrantinnen ab. Auch das Aufenthaltsland muss seinen Beitrag leisten. Neben staatlichen Unterstützungsmassnahmen, die den wirtschaftlichen und sozialen Anschluss erleichtern sollen, braucht das Zusammenleben auch viel Geduld und Offenheit von allen Seiten.

2. Migration: Klassische Schwierigkeiten und die Funktion der Religion

2.1 Der Kulturschock als Reaktion auf das Unbekannte

Die Migration ist oft verbunden mit dem Erlernen einer neuen Sprache. Wer von einer Sprachgemeinschaft in eine andere wechselt, ist jedoch nicht nur mit einem neuen System von Lauten und Zeichen konfrontiert, sondern auch mit neuen Verständigungsregeln und Lebenswelten. Reden, Verstehen und Verstanden-Werden sind für die Betroffenen plötzlich keine Selbstverständlichkeiten mehr und die fehlenden Sprachkenntnisse schränken ihr soziales Leben und ihre Teilhabe an der Gesellschaft ein.

Migrationsbedingte Kommunikationsschwierigkeiten führen zu Verunsicherung und manchmal sogar in die Isolation. Die einfachsten Dinge werden zu einer Hürde, weil das Wissen fehlt und Situationen falsch eingeschätzt werden. Auch das eigene Handeln wird zum Problem, wenn es von der Umwelt missverstanden wird.

«Ich fühle mich einfach dumm im Alltag, wenn ich auf Hochdeutsch kommunizieren muss, denn ich kann mich in dieser Sprache einfach nicht so gut ausdrücken wie in der eigenen Sprache. Ständig kriege ich Dinge nicht richtig mit. Auch kann ich nicht 100% von dem ausdrücken, was ich ausdrücken möchte. Das ist alles sehr limitierend. Natürlich muss man mit seinen eigenen Limitationen umgehen lernen, aber das geschieht nicht von heute auf morgen. Man muss die Geduld dafür erst entwickeln, schliesslich ist man diese Limitation von zu Hause nicht gewohnt.»

CAMILA, 30, SPANIEN

Wo das Wissens- und Erfahrungsrepertoire bzw. die Handlungsroutinen eines Menschen mit den Regeln und Konventionen des Lebensumfelds nicht mehr kompatibel sind, kommt es zu Irritationen bis hin zum Verlust der Handlungssicherheit und des Selbstvertrauens. Die Umwelt wird unberechenbar und es kommt zum Kulturschock. Dieser wiederum löst Stress aus und kann bei den Betroffenen eine Abwehrhaltung zur Folge haben, denn die mit Kontrollverlust verbundenen Ohnmachtsgefühle und Ängste erschüttern letztlich auch das Vertrauen in die Umwelt. Hält dieser Zustand über eine längere Zeit an, macht sich Desillusionierung breit. Mit enttäuschten Wunschvorstellungen leben viele Migranten.

2.2 Der Trennungsschmerz von Familie und Freunden

Mit der Migration verlassen Menschen die Gemeinschaft der Familie, in der sie gross geworden sind, und Freundeskreise, die sie über Jahre aufgebaut haben.

«Leute kennenlernen ist nicht so einfach. Ich bin ein offener Mensch und ich habe Freunde. Aber nach rund fünf Jahren habe ich erst ein paar Schweizer als Freunde. Die Leute hier sind gegenüber Ausländern ein bisschen verschlossener vielleicht.»

VICTORIA, 45, ECUADOR

Die migrationsbedingte Trennung von Bezugspersonen im Herkunftsland und das zögerliche Wachsen neuer Beziehungen im Aufenthaltsland empfinden viele als grosses Defizit, dem sie mehr oder weniger ohnmächtig gegenüberstehen.

Gerade die Trennung von der Familie ist für die meisten Migranten eine Brucherfahrung, auf die sie nicht vorbereitet waren. Die Trennung schmerzt umso mehr, wo neue, vertrauensvolle und familienähnliche Beziehungen auf sich warten lassen. Gefühle der Einsamkeit und des Heimwehs stellen sich ein und können zur schmerzlichen Belastung werden.

«Ich habe viel Heimweh gehabt. Als auch meine Schwester gegangen ist, sie ist ein Jahr mit mir gewesen, dann habe ich mich so gefühlt: ‹Jetzt bin ich allein in diesem Land. Jetzt bin ich ganz allein und was mache ich jetzt?› Da war ich ein bisschen so wie desorientiert.»

MARIANA, 28, VENEZUELA

2.3 Die Hindernisse in der Arbeitswelt

Wer in einem anderen Land Fuss fassen will, für den oder die ist gerade der Zugang zur Arbeitswelt von grosser Bedeutung. Viele hoffen auf eine Erwerbstätigkeit, von der sie (besser) leben können.

In der Schweiz hat Bildung einen hohen Stellenwert und einen direkten Einfluss auf die Berufs- und Einkommenschancen einer Person. Doch gerade in diesem Bereich stellen sich den Migrantinnen immer wieder Hürden in den Weg. Ihre im Herkunftsland erworbenen schulischen und beruflichen Qualifikationen und Erfahrungen sind hier oft nicht gültig oder reichen nicht für eine erfolgreiche Bewerbung auf eine Arbeitsstelle oder einen Studienplatz.

«Die Veränderung war für mich sehr hart, denn ich kam aus einem Land, in dem ich viele Ziele hatte, und ich war gut in meinem Beruf! Als ich dann hier ankam, musste ich wieder von vorne anfangen. Das war sehr hart für mich.»

NATALIA, 55, DOMINIKANISCHE REPUBLIK

Es gilt von vorne zu beginnen oder gar von einer vertrauten Berufsrolle Abschied zu nehmen. Meist ist dies mit einer beruflichen Herabstufung und einem niedrigeren Lebensstandard verbunden. Trotz grosser Anstrengungen erreichen viele ihre beruflichen und wirtschaftlichen Ziele nicht. Manchmal geraten sie auch in soziale und wirtschaftliche Abhängigkeiten, die den Traum von einem besseren Leben gänzlich platzen lassen. Wer solches erlebt, kämpft nicht nur gegen den Verlust des Selbstwerts, sondern auch mit Zukunftsängsten.

2.4 Die Verunsicherung durch die säkulare Gesellschaft

Migrantinnen aus hochreligiösen Ländern zeigen sich oft irritiert über die geringe Bedeutung der Religion in der Schweiz. Sie sind sich gewohnt, dass Kirche und Religion im öffentlichen und privaten Leben einen hohen Stellenwert geniessen, und glaubten, in ein christliches Land ausgewandert zu sein.

«Es ist eine Gesellschaft, wo der Glauben sehr negativ ist. Die Medien sprechen so negativ über den Glauben oder die katholische Kirche. Es war auch ein Schock für mich, denn die Kirchen hier sind fast leer. Und das erste Mal als ich in eine Kirche ging, es war an Weihnachten, da schaute ich, wer alles hereinkam. Und ich sah ein paar alte Frauen.»

SOFIA, 44, PERU

Der Glaube an Gott und die Zugehörigkeit zu einer Kirche sind für sie selbstverständlich. Die religiöse Praxis ist integrierter Teil ihres Alltagslebens. In der Schweiz realisieren sie mit Erstaunen, dass die Menschen sich von den Kirchen distanziert haben und der Religion auch persönlich wenig Bedeutung beimessen.

Als praktizierende Gläubige wundern sie sich über die halbleeren Kirchen und das hohe Durchschnittsalter der Kirchenbesucher. Sie realisieren, dass sie als gläubige Menschen in der Schweiz zu einer Minderheit gehören. Manche machen sich Sorgen, dass sie ihren Glauben in diesem säkular geprägten Umfeld verlieren könnten.

Migrantinnen aus Lateinamerika, Afrika und Ostasien nehmen die Schweiz als religiös defizitäre Gesellschaft wahr. Manche sehen sich dazu berufen, das Christliche in dieses Land zurückzubringen.

2.5 Bewältigungsstrategien für Brüche in der Biographie – zum Beispiel die Religion

Mit der Migration verändert sich eine eingespielte Lebensordnung. Wer dabei aber wiederholt erfährt, dass erlernte und bewährte Denk- und Handlungsroutinen bei der Gestaltung des täglichen Lebens nicht mehr nützlich und zielführend sind, wird in seinem Selbst- und Umweltvertrauen erschüttert. Diese Erfahrung ist verbunden mit der Erkenntnis, dass sich die eigenen Wünsche vielleicht nie erfüllen werden.

«Wenn du hier ankommst, bist du sehr verloren. Du fühlst dich allein, du vermisst alles. Es ist eine Entwurzelung, als ob du aus dem Ort herausgerissen wirst, wo du Wurzeln geschlagen hast. Dann gehst du an einen anderen Ort, wo du nichts hast. Ich war viel allein, es war sehr schwierig.»

CAMILA, 30, SPANIEN

Veränderte Umstände, Auf und Ab der Gefühle und die Suche nach neuer Orientierung

In solchen Situationen machen sich Gefühle der Entwurzelung, Ohnmacht und Angst breit. Diese können auf die Dauer zu einer ernsthaften Belastung werden.

«Mir ging es irgendwann so schlecht, dass ich Panikattacken bekam, also Atemschwierigkeiten. Mein Hausarzt schickte mich zu einer Psychologin, welche mir Tabletten gab.»

VICTORIA, 45, ECUADOR

Nicht alle Migrationserfahrungen lösen Krisen und belastende Gefühle aus. Es gibt auch gute Erfahrungen, die Gefühle des Glücks und der Dankbarkeit auslösen. Migrantinnen aus politisch instabilen und rechtsunsicheren Ländern schätzen das sichere Leben oder sind dankbar für die sozialstaatliche Unterstützung in der Schweiz. Andere erleben hier eine glückliche Beziehung.

Wo aber Ungewissheit und offene Fragen die Lebenssituation prägen, wächst das Bedürfnis nach Sicherheit, Trost und Halt. Dahinter steht der Wunsch, das eigene Leben meistern und gestalten zu können. Die meisten Menschen verfügen in solchen Situationen über Strategien und Ressourcen, die ihnen helfen, die Brucherfahrungen und die damit verbundenen Gefühle nicht nur auszuhalten, sondern auch zu bewältigen und nach neuen Wegen zu suchen.

Der Mensch greift in der Regel auf bewährte Muster und Strategien zurück, die sich im Laufe seines Lebens herausgebildet haben. Er verfügt nämlich über die geniale Fähigkeit, sein Leben in den Kontexten, in denen er es verbringt, immer wieder neu auszulegen und dabei sein Wissen mit seinen Erfahrungen in Einklang zu bringen. Mit anderen Worten, der Mensch lernt laufend aus seinen Erfahrungen und entwickelt mit der Zeit eine innere Logik, die ihm hilft, neue Erfahrungen zu verarbeiten und in sein Leben zu integrieren.

Die Religion als «innere Orientierungslogik»

Auch die Religion kann eine solche Logik prägen, denn sie ist auf Sinnstiftung spezialisiert. Im Rückgriff auf Transzendenz vermag sie Sinn zu stiften, wo Sinnlosigkeit herrscht, und Orientierung zu schaffen, wo sich das Leben als unverfügbar und zufällig zeigt. Der Rückgriff auf Religion ist natürlich nicht die einzige Möglichkeit, um Krisen und Brucherfahrungen zu bewältigen. Dennoch zeigt sich, dass gerade religiös sozialisierte Menschen angesichts solcher Erfahrungen oft darauf zurückgreifen. Sie erfahren den Glauben als identifikatorischen Ankerpunkt, der seine Gültigkeit auch unter veränderten Rahmenbedingungen nicht verliert und darum verlässlich ist.

«Ich kann mich erinnern, wenn ich so traurig war wegen Heimweh. Dann habe ich immer ein Lied einer gläubigen Sängerin gehört. Sie sang: ‹Fühl dich nicht allein.› Ich fühlte dann, ich habe zwar Heimweh, aber Gott ist mein Vater und ist immer da. Also, meine Eltern, mein Vater und meine Mutter können nicht hier sein, aber mein Heiliger Vater und Mutter sind immer dabei.»

MARIANA, 28, VENEZUELA

Wie Menschen in konkreten Situationen auf das Religiöse zurückgreifen, hängt stark von ihrer Sozialisation, ihrer konfessionellen Prägung, aber auch von ihrer sozialen Lage und ihren Migrationserfahrungen ab. Im Lauf des Migrationsprozesses verändert sich ihre Religiosität meist, denn im neuen Kontext tauchen neue Fragen auf und die eigenen Überzeugungen müssen neu begründet werden. Auch sind die Rahmenbedingungen für die religiöse Praxis nicht mehr die gleichen. Personen, die schon vor der Migration einen aktiven Glauben pflegten, können auch in Zeiten der Veränderung diese Ressource schnell mobilisieren. Oft verstärkt sich ihr Bedürfnis nach religiöser Orientierung und Praxis mit der Migration sogar noch. Bei anderen wird das Bedürfnis erst durch die Migration selbst ausgelöst, etwa durch den Kontakt zu religiösen Menschen oder Gruppen, die ihnen neue Sichtweisen eröffnen oder den Zugang zu sozialer, emotionaler und materieller Unterstützung ermöglichen. Wieder andere verabschieden sich gänzlich von der Religion, weil diese für sie im neuen Umfeld keine Relevanz mehr hat oder weil sie in der Schweiz die Möglichkeit haben, sich von belastenden Regeln und Verpflichtungen zu befreien.

Gespräch mit Chika Uzor – Migrationsseelsorger in St.Gallen

Mit welchen Schwierigkeiten kämpfen Migrantinnen und Migranten in der Schweiz?

Vor allem Geflüchtete erleben ihr Dasein in der Schweiz als sehr spannungsvoll. Äusserlich sind sie angekommen, innerlich aber noch nicht. Sie sprechen die Sprache nicht, kennen die Kultur nicht und fühlen sich oft verloren. Hinzu kommt die Erwartung der Aufnahmegesellschaft, dass sie sich rasch integrieren sollten. Wer nicht mitkommt, dem wird oft unterstellt, sich nicht integrieren zu wollen. Aber nicht alle haben die gleichen Bildungschancen gehabt und bringen die gleichen Fähigkeiten mit. Ausserdem kämpfen viele mit den Folgen der Flucht. Die Zeit nach der Ankunft ist für sie mit grossen Anstrengungen und Druck verbunden.

Wo ergeben sich Schwierigkeiten im Zusammenleben zwischen Einheimischen und Zugewanderten?

Es gibt viele Ursachen für Konflikte. Diese entstehen oft durch mangelndes Wissen oder die fehlende Bereitschaft oder Fähigkeit, Dinge auch mal anders zu betrachten als gewohnt. Für die Bewältigung von Konflikten braucht es oft viel Aufklärungsarbeit und Vermittlung, um gegenseitiges Verständnis zu schaffen. Im Alltag fehlen interkulturell sensible Brückenbauer leider oft.

Warum ist die Migrationsgemeinde für viele so wichtig?

Die religiöse Gemeinschaft ermöglicht eine seelische Verankerung, die den Betroffenen im Alltag oft fehlt. Religion ist für viele Menschen, gerade aus nichteuropäischen Ländern, vor allem eine gefühlte und nicht eine diskursive Angelegenheit. Sie ist eine Selbstverständlichkeit, mit der sie aufgewachsen sind. Darum orientieren sie sich in angespannten und schwierigen Situationen gerne an vertrauten Glaubensvorstellungen und -praktiken.

Wie unterstützen Sie die Migrationsgemeinden?

Ich pflege den Kontakt zu verschiedenen katholischen und orthodoxen Migrationsgemeinden und unterstütze sie beispielsweise bei der Suche nach Räumlichkeiten. Auch vermittle ich bei Konflikten. Weiter versuche ich, die Migrationsgemeinden und die Pfarreien füreinander zu sensibilisieren und ihre Zusammenarbeit zu fördern. Es ist eine Arbeit in kleinen Schritten.

Wo sind die Herausforderungen für die Zusammenarbeit zwischen Pfarreien und Migrationsgemeinden?

Oft scheitert die Zusammenarbeit schon bei der Kommunikation. Wo sich Pfarreien und Migrationsgemeinden aber gegenseitig als Ergänzung und Erweiterung wahrnehmen, ergibt sich automatisch eine bessere Kommunikation. Und wenn der im Ort ansässige «Missionar» (Priester und Leiter der Migrationsgemeinde) Mitglied des Pfarreiteams vor Ort ist, kann die gegenseitige Information auch besser funktionieren.

Was ist Ihr Fazit?

Zusammenarbeit ist ein Lernprozess. Die Migrationsgemeinden sind sich gewohnt, selbständig zu agieren. In der Schweizer Kirche ist aber Zusammenarbeit elementar.

3. Glaube als Ressource: Sinnstiftung, Orientierung, Schutz – vier Glaubensprofile

3.1 Glaube in Vielfalt

Der persönliche Glaube, aber auch die Einbettung in eine Gemeinschaft hilft Menschen in Krisen und Zeiten des Umbruchs. Im Religiösen finden sie Orientierung, Zuflucht und Hoffnung und in der religiösen Gemeinschaft konkrete Unterstützung durch andere Menschen. Doch jeder Mensch glaubt auf seine Weise. Seine Religiosität ist durch verschiedene Faktoren geprägt und kommt dennoch auf individuelle Art zum Tragen. So beeinflussen etwa die Herkunftsgesellschaft, in der die Religion einen hohen oder niedrigen Stellenwert geniesst, die religiöse Erziehung und Bildung in Familie, Schule und Kirche, die Prägung durch die Peergruppe während der Adoleszenz und die Ereignisse und Erfahrungen im Laufe des Lebens die religiösen Überzeugungen eines Menschen. Dieser Mensch trifft aber auch eigene Entscheidungen und gestaltet damit sein Leben und seinen Glauben selbst.

Mit anderen Worten, Religion ist weder eine objektive noch eine statische Grösse. Es gibt sie immer nur im Plural, das heisst in unterschiedlichen Varianten als konfessionelle und schliesslich individuelle Religiosität. Menschen verleihen ihrem Glauben auf unterschiedliche Art und Weise Ausdruck und nutzen ihn auf ihre je eigene Art. Die einen suchen eine Gotteserfahrung, die anderen wissen sich über ihre Zugehörigkeit zur Kirche nahe bei Gott und die dritten bleiben auf der Suche und in mehr oder weniger ausgeprägter Distanz zu Gott und Kirche.

Unabhängig von der Glaubensform und der Glaubensaktivität einer Person kann Folgendes festgehalten werden: Menschen sehnen sich danach, in einem grösseren Ganzen aufgehoben zu sein und daran teilzuhaben. Dieses Ganze kann sich auf Transzendenz beziehen, muss es aber nicht. So ziehen die einen Kraft aus der persönlichen Gottesbeziehung, andere aus der religiösen Gemeinschaft und wieder andere orientieren sich an der Verwirklichung ihrer Lebenspläne – mit oder ohne religiöse Bezüge.

Die nachfolgende Darstellung beschreibt vier unterschiedliche Glaubensprofile, so wie sie sich bei der Bewältigung von Brucherfahrungen zeigen können. Diese Profile sind das Resultat einer Studie des Schweizerischen Pastoralsoziologischen Instituts, die zwischen 2015 und 2019 durchgeführt wurde. Die Studie basiert auf 23 biographisch-narrativen Interviews mit Migrantinnen und Migranten aus Spanien und Lateinamerika.

Bei der Lektüre ist zu beachten, dass es sich bei den Profilen um idealtypische religiöse Grundmuster handelt. Diese helfen, den komplexen Sachverhalt menschlicher Religiosität besser zu verstehen, treten aber in der Realität kaum in Reinform auf. Die meisten Menschen tendieren zu einem Grundmuster, bedienen sich meist aber auch anderer Grundmuster. Die Profile ersetzen also nie das genaue Hinsehen und dürfen nicht der «Schubladisierung» von Menschen dienen.

3.2 Glaubensprofil: «Gott hat einen Plan für mich»

Es gibt Menschen, die durch ihren Glauben einen positiven Umgang mit Brüchen im Leben finden. Sie sind von der Gewissheit getragen, dass Gott einen Plan für ihr Leben hat. Diese Gewissheit ermöglicht es ihnen, die eigenen Migrationserfahrungen im Rahmen eines grösseren Ganzen zu betrachten und mit Sinn zu versehen. Schwierige und unverfügbare Aspekte des Lebens werden aus dieser Perspektive zu Entwicklungschancen. Diese Personen fragen sich andauernd, was Gott ihnen durch ein bestimmtes Ereignis oder eine schwierige Situation wohl sagen möchte. Sie sind überzeugt, dass der Mensch durch Krisen reift. Gott lässt sie zu, damit der Mensch in seine Bestimmung hineinwachsen kann.

«Schau dir Matthäus 6 an. Da steht, dass die Vögel sich nicht kümmern sollen, was sie morgen essen, die Blumen nicht, was sie anziehen sollen. Du musst jeden Tag einfach dankbar sein und machen und dich nicht kümmern um das Geld und alles und du musst nicht alles planen und alles im Griff haben, das gibt nur Stress. Ich bin überzeugt, dass Gott einen Plan hat, er hat mich immer begleitet.»

SARA, 35, PERU

Oft erzählen die Gläubigen von einem prägenden Glaubenserlebnis oder einer Gotteserfahrung. Manche sprechen auch von einem Bekehrungserlebnis, das sie als Wendepunkt im Leben wahrnehmen. Sie erzählen von einer existentiellen Brucherfahrung, bei der sie sich ihrer eigenen Bedürftigkeit und Unzulänglichkeit bewusst geworden sind und sich Gott zugewandt haben. Im Bekehrungserlebnis haben sie Bruch und Neuanfang, Destabilisierung und Reorientierung, Verlassenheit und Aufgehoben-Sein erlebt. Bruch und Rettung gehören für sie zusammen.

In Brucherfahrungen wird Gott erfahren – aber nicht immer ist der Sinn zugänglich

Die Überzeugung, in jedem Brucherlebnis die Handschrift Gottes zu finden, führt die Gläubigen in die Dauerreflexion. Gerade schwierige Momente des Lebens nehmen sie zum Anlass, sich zu hinterfragen oder das eigene Handeln religiös zu legitimieren. Wo Fragen offen und Probleme ungelöst bleiben, bleibt die Hoffnung, dass Gott alles im Griff hat.

«Ich glaube nicht mehr an Zufälle. Nie mehr. Für mich existieren die Zufälle gar nicht mehr. Und ich

habe Gott gesagt: ‹Ich bin in deinen Händen und für alles, was ich geplant habe, schaust du.›»

SARA, 35, PERU

Der Glaube an einen göttlichen Plan bedeutet für die meisten eine Entlastung und eine Pflicht, Empowerment und Auftrag, denn der Mensch ist nicht nur gerettet, sondern auch berufen, an diesem Plan teilzuhaben und mitzuwirken. Damit wird er zum Partner Gottes, zu einem Teamplayer im göttlichen Plan. Mit Gott ist er im Dauergespräch, denn er will nicht nur den göttlichen Willen ergründen, sondern auch die Führung Gottes in seinem Leben erkennen. Wo er diese zu erkennen meint, sei es durch eine innere Eingebung oder durch ein äusseres Zeichen, weiss er sich in seinen Entscheidungen und in seinem Tun auf der sicheren Seite. Diese Sicht auf das Leben, oft verbunden mit einer Gotteserfahrung, stärkt das Selbstbewusstsein und die Selbstwirksamkeitsüberzeugung des Individuums.

Die Dauersuche des Individuums nach einem höheren Sinn bzw. nach den Zeichen göttlicher Führung kann aber auch zu einer Belastung werden. Sie wird zur Zerreissprobe, wenn das Ringen um Sinn erfolglos bleibt, wenn Ungewissheit und Schmerz sich nicht auflösen und der Glaube nicht mehr reicht, um die Hoffnung aufrechtzuerhalten, dass Gott auch im Scheitern und Leiden seinen Plan verfolgt.

Die unauflösbare Spannung zwischen den eigenen Überzeugungen und einem letztlich unverfügbaren göttlichen Plan ist dann nicht aus der Welt zu schaffen. Jede Begründung und Erklärung führt zu neuen Fragen und mit jeder Sinnlücke, die geschlossen wird, tut sich eine neue auf.

Reflexive Religiosität ist gemeinschaftsfähig

Das Gemeinschaftsverhalten der Personen mit dieser Orientierung lässt sich nicht auf ein Muster reduzieren. Die Praxis zeigt unterschiedliche Verhaltensmöglichkeiten. Die einen suchen sich die religiöse Gruppe aus, die ihr momentanes Selbst- und Glaubensverständnis stützt, und ziehen dann weiter, wenn das nicht mehr der Fall ist. Andere fühlen sich einer bestimmten Gemeinschaft verbunden und verpflichtet und übernehmen hier eine Aufgabe. Wieder andere gehören zwar einer solchen an, besuchen aber auch andere Gruppen oder Gemeinschaften. Nicht zuletzt gibt es jene, die eine neue Gemeinschaft gründen, um den Auftrag Gottes in der Welt besser wahrnehmen zu können.

Pentekostale Religiosität hat eine Affinität zu biographischen Brüchen

Die beschriebene religiöse Umgangsform mit Brucherfahrungen ist hochgradig anschlussfähig für zeitgenössische Biographien, die von Diskontinuitäten, Wandel und der Suche nach Orientierung und Sinn geprägt sind. Personen dieser Glaubensform stammen oft aus einem evangelikalen bzw. pentekostalen (pfingstkirchlichen) Umfeld.

Beide Strömungen legen einen Akzent auf das persönliche Bekehrungserlebnis und die Bibel. Während aber der traditionelle Evangelikalismus einen mehr oder weniger wörtlichen Zugang zur Bibel pflegt, relativieren die traditionellen Pfingstkirchen die Bedeutung der Bibel gegenüber der herausragenden Autorität des Heiligen Geistes. Dieser gilt für sie als eigentliche Quelle der Erkenntnis. Sie rücken damit die für den Evangelikalismus typische christozentrische Kreuzestheologie aus ihrer Zentralität und legen die Betonung auf den Heiligen Geist und sein Wirken in und durch den Menschen.

Evangelikale und pentekostale Glaubensformen sind in progressiven wie traditionellen, frei organisierten und öffentlich-rechtlich verfassten Gemeinschaften anzutreffen. Und die Gläubigen finden sich in allen Einkommens- und Bildungsschichten. Offensichtlich lassen sich religiöse Erfahrungen und Überzeugungen evangelikal-pentekostaler Provenienz in unterschiedlichen Kontexten fruchtbar machen. Sie haben das Potential, auf gesellschaftliche Veränderungen zu reagieren, sich mit subjektiven Befindlichkeiten und Bedürfnissen zu verbinden und sich im situativen Handeln der Gläubigen niederzuschlagen.

3.3 Glaubensprofil: «Die Glaubensgemeinschaft ist mein Schutz und mein Zuhause»

Nicht alle Menschen können biographische Brucherlebnisse und Erfahrungen von Diskontinuität immer und jederzeit positiv aufnehmen. Manche nehmen sie eher als Irritationen wahr und suchen nach Wegen der Wiederherstellung der vertrauten Ordnung. Die innere Verarbeitungslogik dieser Personen fokussiert eher auf das Vertraute und Gehabte als auf Veränderung. Ihr Blick geht darum oft zurück in die Vergangenheit.

Ihre Erinnerungen an Erlebnisse im Herkunftsland, in der Herkunftsfamilie und in der Herkunftskirche werden zu idealisierten Orientierungspunkten, an denen sie sich festhalten und die sie sich zurückwünschen – oft auch in Glaubensangelegenheiten. Das Gefühl des Verlusts wird umso grösser, je mehr sie realisieren, dass sie als Gläubige in der Schweiz zu einer Minderheit gehören und das Religiöse hier nicht den gleichen Stellenwert hat, wie sie es sich wünschen würden.

Die Wiederherstellung der Normalität führt zur Migrationsgemeinschaft

Gerade Menschen aus hochreligiösen Ländern, die dort Teil eines konfessionellen Milieus waren, empfinden ihr Leben in der Schweiz oft als fragmentiert. Beruf, Freizeit und Religion erleben sie hier als voneinander abgetrennte Bereiche mit eigenen Regeln und Normen. Die Menschen, mit denen sie Zeit verbringen, sind meist nicht wie sie selbst religiös und haben oft ein distanziertes Verhältnis zur Kirche. Das sind sie nicht gewohnt und sie fühlen sich verunsichert. Diesen Personen stellen sich im neuen Umfeld ganz neue Fragen: Was, wenn der eigene Freund nichts von der Kirche wissen will? Was, wenn andere sich über Glauben und Kirche lustig machen? Als Pendlerinnen zwischen den unterschiedlichen Lebensbereichen, die sie miteinander nur schwer verbinden können, fühlen sich manche verloren und auf sich selbst zurückgeworfen. Sie möchten gerne den sonntäglichen Gottesdienst besuchen, doch die Freunde wollen zum Picknick fahren. Plötzlich wird der Gottesdienst, einst ein selbstverständlicher und unhinterfragter Teil des Lebens, zur Entscheidungsfrage und die eigene Glaubenspraxis gerät in Konkurrenz zu anderen Geltungsansprüchen und Erwartungen. Manche Migrantinnen sorgen sich in dieser Situation um die Bewahrung ihres Glaubens und sehnen sich nach der Klarheit eines Lebens ohne Zerrissenheit zurück.

Migranten, die so empfinden, suchen nach Möglichkeiten, die vermisste Normalität irgendwie wiederherzustellen. Sie suchen nach Kontinuitäten in Zeiten der Diskontinuitäten, nach Stabilität in Zeiten des Um- und Abbruchs. Sie finden diese in der religiösen Gemeinschaft, zu der sie sich aufgrund ihrer sprachlichen, kulturellen und konfessionellen Herkunft zugehörig fühlen. Hier können sie an Vertrautes anknüpfen und so etwas wie Normalität und Ganzheit auf Zeit empfinden.

«Da findest du Menschen mit ähnlichen Vorstellungen und einem ähnlichen Glauben. Ich gehe dort hin, weil ich dort eine Art ‹sicheres Territorium› finden kann. Ich weiss nicht, aber irgendwie gibt es dir das Gefühl, dass du so wie zu Hause bist oder sie geben dir wie eine Familie.»

ALMA, 29, SPANIEN

Die Gemeinschaft wird für viele zu einer Art Familienersatz, einem Schutzraum oder einer Rückzugsinsel, zu der sie immer wieder zurückkehren können. Die Begegnung mit Menschen gleichen Glaubens, gleicher Herkunft und mit ähnlichen Migrationserfahrungen hilft ihnen, den eigenen Glauben und die eigene Geschichte nicht zu vergessen, sondern zu bewahren und weiter zu pflegen. In der Gemeinschaft finden sie Halt und können sich ihrer selbst vergewissern, hier erfahren sie Anerkennung und Stärkung und von hier aus können sie den Schritt nach aussen immer wieder von neuem wagen.

Gerade für katholische Migranten bringt das Wissen, Teil einer Gemeinschaft oder gar Weltkirche zu sein, die über all dem Flüchtigen und der Zerrissenheit des Lebens steht, zusätzlich Entspannung und Ruhe. Ihr Empowerment speist sich aus der Einbettung in ein soziales Ganzes, das vertraute und vertrauenswürdige Fixpunkte bereitstellt, die ihnen in Zeiten der Veränderung und Verunsicherung so oft fehlen.

Das Dilemma zwischen Ideal und Realität bleibt

Personen, die ihren Ankerpunkt in der konfessionellen Zugehörigkeit zu einer Gemeinschaft haben, versuchen in der Regel nicht, Brucherfahrungen über eine gesteigerte (religiöse) Deutungsaktivität zu be- und verarbeiten und so in ihre biographische Geschichte zu integrieren. Sie haben auch nicht den expliziten Anspruch, an diesen Erfahrungen zu wachsen oder sie als Anlass für persönliche Veränderungen zu nehmen. Sie suchen nach Anschlussmöglichkeiten für Kontinuität.

Das Gefühl der Irritation lässt sich über die ausgesprochene Gemeinschaftsorientierung aber in der Regel dennoch nicht ganz auflösen und die Alltagserfahrungen mit dem inneren bzw. erinnerten Ordnungssystem nicht auf Dauer harmonisieren. So kann es vorkommen, dass Migranten in der Schweiz in zwei «Welten» leben – in der Welt des Alltags und in der Welt des Glaubens bzw. der kirchlichen Gemeinschaft. Sie müssen zwischen diesen Welten immer wieder neu vermitteln und mit Kompromissen leben lernen. Wenn ihnen das nicht gelingt, kann der Rückzug in die heile Welt der Gemeinschaft auch problematisch werden. Dann nämlich, wenn ein Mensch beginnt, seine Umwelt als antagonistisch zu dem Leben wahrzunehmen, das er führen möchte. Es bleibt eine Kluft zwischen Wunsch und Wirklichkeit.

Traditionell katholische Religiosität hat das Potential für Kontinuität

Die ausgeprägte Orientierung an der kirchlichen Gemeinschaft und das starke Gefühl der Zugehörigkeit, von dem viele zehren, finden sich vor allem bei römisch-katholischen Migrantinnen. Die Kirche bietet ihnen eine kulturübergreifende Heimat, und in der Teilhabe an den Ritualen erleben sie jene grenzüberschreitende Kontinuität, die sie sich wünschen. In den anderssprachigen katholischen Migrationsgemeinschaften erleben die Migranten gar eine doppelte Kontinuität – eine religiöse und eine kulturelle, denn hier können sie ihren Glauben mit Menschen gleicher Herkunft und Sprache teilen und praktizieren.

3.4 Glaubensprofil: «Mein Leben und Glauben als Lernprozess»

Es gibt Migrantinnen, die Brüche und Erfahrungen von Diskontinuität als Möglichkeit sehen, den eigenen Horizont zu erweitern und die Welt in ihrer Vielfältigkeit besser zu verstehen. Das Leben erschöpft sich aus ihrer Perspektive nicht in Gewohnheiten und vermeintlichen Gewissheiten, sondern zeigt sich immer wieder von einer anderen Seite. Es bietet Alternativen. Auch die eigene Lebens- und Glaubensweise sehen sie als Möglichkeit unter anderen, geprägt durch Herkunft, Erziehung, biographische Ereignisse und persönliche Entscheidungen. Religion und Kultur, Glaube und Biographie sind für sie darum keine statischen, sondern dynamische Grössen, die sich immer wieder verändern (lassen) und auch wechselseitig beeinflussen.

«Aber jeder hat so seine Glocke, würde ich sagen. Die Glocke erweitert sich jedes Mal mit jeder neuen Erfahrung, die man hat. Und ich finde das Interessanteste, was ich je in meinem Leben gemacht habe, ist, dass ich mit 16 Jahren im Austauschprogramm nach Deutschland gekommen bin zu einem atheistischen Gastvater. Da habe ich nicht nur meine Glocke erweitert, sondern ich bin wirklich aus der Glocke rausgenommen worden. Dann bin ich irgendwo in eine neue, in eine andere Glocke reingesteckt worden, wo die Prioritäten anders sind. Das Interessanteste im Leben ist eigentlich, dass man merkt, dass es etwas anderes gibt. Andere Glocken.»

JOAQUIN, 45, BOLIVIEN

Diese Personen nehmen biographische Brucherfahrungen nicht primär als Hindernisse oder Störfaktoren wahr, sondern als Lernanlässe, die im Leben sowieso unvermeidbar sind. Veränderung und Bewegung gehören zu ihrem Leben und zum menschlichen Dasein überhaupt. Sie sind der Veränderung jedoch nicht ausgeliefert, sondern nehmen ihr Leben als gestaltbar wahr, auch wenn vieles darin nicht zur Disposition steht und manche Erfahrungen schmerzhaft sind. Wo Gewohntes abbricht und der Rückgriff auf Routinen nicht mehr sinnvoll ist, halten sie Ausschau nach Lösungen, holen sich Informationen und passen ihr Denken und Verhalten an.

Lernen braucht den Austausch mit anderen

Der sehnsüchtige Blick zurück oder das Verharren in der eigenen Komfortzone sind für diese Migranten ebenso wenig zielführend wie die Dauersuche nach einem, wenn möglich religiösen Sinn hinter allem Erlebten. Sie lassen sich auf das Andere und Unbekannte ein und erschliessen sich das Leben trotz oder gerade wegen seiner Diskontinuitäten immer wieder neu. Der eigene Glaube ist Teil davon.

Diese Personen verfügen nicht nur über eine ausgeprägte Selbstwirksamkeitsüberzeugung, sondern auch über den Willen und die Fähigkeit, Sachverhalte und Zusammenhänge, aber auch sich selbst zu verstehen, auszuwerten und einzuordnen – auch unter sich verändernden Bedingungen. Dabei nutzen sie ihre sozialen Kontakte und den Austausch mit Personen, die ihnen helfen, das Neue und Fremde zu erschliessen und über das Eigene nachzudenken. Diese Kompetenzen verbinden sich mit dem Anspruch auf Authentizität, Selbstentfaltung.

Reflexion ist Chance und Hindernis

Die Reflexion und Relativierung von Erlerntem und vermeintlich Selbstverständlichem führen hier keineswegs in den Selbstzweifel oder in eine Anpassungsmanie, sondern auf die Suche nach situativen und auf die eigenen Bedürfnisse abgestimmten Lösungen für ein gelingendes Leben. Insofern steckt dahinter auch eine pragmatische und selbstbewusste Haltung dem Leben gegenüber. Der Glaube ist daran beteiligt. Dem Religiösen kommt aber kein bevorzugter Platz zu, es ist integrierter Teil der Biographie und verändert sich mit ihr.

«Okay, es gibt Leute, die denken irgendwie anders als du. Aber deswegen kann es nicht sein, dass es falsch ist. Ich habe ja nicht die ‹göttliche Wahrheit›, und er auch nicht. Ich traf Leute aus Russland, ich traf Muslime. Es ist nicht so, dass sie alle Recht hatten in dem, was sie vertraten. Sie hatten, genau wie ich, ihre ‹normale› Denkweise zu einem bestimmten Thema und mir wurde klar, dass man, wenn man zusammen gehen will, auch die Gründe der anderen sehen können muss.»

JOAQUIN, 45, BOLIVIEN

Die kritische Dauerreflexion und die Suche nach individueller Authentizität können die soziale Beheimatung in einem Kollektiv jedoch erschweren. Narrative oder soziale Regeln übernehmen diese Personen nicht unbedacht, dogmatischen und rituellen Fixierungen verwehren sie sich. Gruppen leben aber vom Konsens ihrer Mitglieder über geltende Normen, Wertevorstellungen und Ziele. Wenn ein Mitglied den Erwartungen nur noch teilweise entspricht, kann es vorkommen, dass es von der Gruppe als nicht zugehörig betrachtet wird. Umgekehrt kann das Mitglied seinerseits ein Fremdheitsgefühl entwickeln, weil es sich der Gruppe zwar zugewandt fühlt, aber gleichzeitig auf Distanz bleibt.

Mit grosser Wahrscheinlichkeit sind diese Personen vor allem im Bildungsmilieu anzutreffen. Einen Bezug zu einem bestimmten konfessionellen Kontext gibt es bei Personen mit diesen Ausprägungen nicht. Ihre Bindungsbereitschaft hängt jedoch davon ab, ob die Gruppe ihnen den nötigen Entwicklungsraum bietet, der auch Abweichungen von der Norm zulässt.

3.5 Glaubensprofil: «Ich akzeptiere das Leben und mache das Beste daraus»

Für manche Migrantinnen ist die Erfahrung von Diskontinuitäten und Brüchen eine normale Tatsache im menschlichen Dasein. Sie haben gelernt, sie als Teil ihrer Biographie zu akzeptieren, und suchen nicht explizit nach einer Erklärung bzw. einer sinnhaften Deutung. Vielmehr versuchen sie, mit der Situation, die sie nicht ändern können, umzugehen und nach vorne zu schauen. Im Laufe ihres Lebens sind sie zu der Überzeugung gelangt, dass es weder Sinn macht, solche Erfahrungen zu ignorieren, noch daran zu verzweifeln. Ihre Strategie im Umgang mit Brüchen und Krisen im Leben besteht in einer Mischung aus innerem Arrangement und pragmatischem Handeln. In der oft schmerzhaften Konfrontation mit den Widrigkeiten und Unverfügbarkeiten des Lebens halten sie sich darum an das Motto: *«So ist das Leben»*.

«Allen, die auswandern müssen, wünsche ich von Herzen, dass sie nicht die Kinder zurücklassen müssen, das ist hart. Die Kinder zurücklassen und dann kommst du in ein fremdes Land, wo du die Sprache nicht sprichst, wo du die Leute nicht kennst. Du weisst nicht, was du antriffst, aber ja, so ist es das Leben, ja.»

ALMIRA, 69, SPANIEN

Das bedeutet nicht Resignation, denn die Betroffenen suchen gleichzeitig nach Möglichkeiten, den eigenen Vorstellungen vom guten Leben nachzugehen – ganz nach dem Motto: «Mach das Beste daraus.»

«Ja, so läuft das Leben und die Migration ist nicht immer einfach. Aber mir geht's jetzt momentan gut und ich denke immer, die Hauptsache ist, wie dass wir gesund sind.»

ALMIRA, 69, SPANIEN

Die Orientierung an Lebenszielen hilft, das Leben unter schwierigen Umständen zu gestalten

Der Wunsch nach einem guten Leben motiviert diese Personen, sich den gegebenen Umständen zu stellen, sich neu zu orientieren und ihr Denken und Verhalten anzupassen. Menschen, die so im Leben stehen, haben die Kompetenz entwickelt, zwischen jenen Umständen zu unterscheiden, die sich verändern lassen, und jenen, mit denen es sich zu arrangieren gilt. Sie sehen sich in der Rolle als verantwortliche Gestalter ihres Lebens, in dem sich immer wieder neue Möglichkeiten ergeben.

Ihre akzeptierende Haltung und gleichzeitige Konzentration auf den Blick nach vorne ermöglicht es ihnen, schwierige Erfahrungen nicht nur auszuhalten, sondern mit der Zeit auch hinter sich zu lassen. Ihre Selbstwirksamkeitsüberzeugung und ihre Handlungsfähigkeit mögen mit ihrer deutlichen Orientierung an zentralen Lebenszielen zusammenhängen.

Die Religion als Deutungs- und Orientierungshilfe steht bei diesen Migrantinnen jedoch nicht im Vordergrund, sei es, weil sie als solche nicht zur Verfügung steht oder für das konkrete Leben als irrelevant erachtet wird.

Sinn und Orientierung sind nicht auf Religion angewiesen

Das Alltagsleben betrachten diese Person eher aus einer nichtreligiösen, handlungspraktischen chronologischen Perspektive.

Das bedeutet jedoch nicht zwingend, dass sie areligiös sind. Oft zeigen sich bei ihnen sogar ein diffuser Gottesglaube und/oder ein konfessionelles Zugehörigkeitsgefühl. Vielleicht besuchen sie gelegentlich sogar einen Gottesdienst oder suchen einen Kirchenraum zum Innehalten auf. Sie verfügen aber nicht über ein religiöses Deutungsrepertoire bzw. mobilisieren kein solches, um Ereignisse und Erfahrungen oder die eigene Biographie aus einer Transzendenzperspektive zu erschliessen.

«Es ist schwer zu beurteilen, aber ich glaube schon, dass es einen Gott gibt. Ich glaube, dass die Menschen nicht vom Nichts kommen und wieder gehen. Wir sind immer nur da, denk ich, als Besucher. Ja, viel mehr Glaube habe ich nicht. Ich habe einfach wenig Erfahrung mit der Bibel. Aber ich gehe schon in Kirchen, vielleicht um eine Kerze anzuzünden oder kurz zu beten, dann gehe ich wieder.»

ALMIRA, 69, SPANIEN

Es stellt sich die Frage, ob es in der Natur des akzeptierenden Menschen liegt, dass er religiös inaktiv ist, oder ob umgekehrt eher die Nichtverfügbarkeit eines religiösen Repertoires zur Marginalisierung des Religiösen im eigenen Leben führt. Einerseits kann beobachtet werden, dass für religiös sozialisierte Migranten, die im Laufe des Erwachsenwerdens keinen eigenen Zugang zur Religion gefunden haben, diese oft als diffuser und passiver Kindheitsglaube im Hintergrund schlummert oder nur noch als vage Erinnerung da ist. Andererseits gibt es auch religiös sozialisierte Migrantinnen, die kein Bedürfnis nach einer transzendenzorientierten Verarbeitung von Erfahrungen zu haben scheinen und sich von der Religion distanziert haben.

Umgekehrt kann eine akzeptierende Haltung natürlich auch einer religiösen Grundhaltung entspringen. Diese wird fatalistisch, wenn das eigene Leben als Resultat des unabänderlichen Willens Gottes betrachtet wird, dem nichts beizufügen ist. Wo aber der Glaube an einen Gott, der über allem steht, den handelnden Menschen nicht ausschaltet, sondern ihn erst zum Handeln befähigt, kann dieser Glaube im Alltagshandeln kaum sichtbar werden und trotzdem als innerer Halt und letzte Sicherheit präsent sein.

Gespräch mit Christiane Lubos – Mitglied der Scalabrini Gemeinschaft

Wie schöpfen Menschen mit einer Migrationsgeschichte Kraft aus dem Glauben?

Da gibt es viele Unsicherheiten, Orientierungspunkte gehen verloren und neue müssen gefunden werden. Da werden Beziehungen durchtrennt und neue müssen aufgebaut und gefunden werden. Bei Geflüchteten ist die Migration oft wie ein Erdbeben, fast alles bricht zusammen und sie fragen sich: Wo finde ich Halt, wenn aussen alles abbricht? Welches sind die tragenden Säulen in meinem Leben?

Was trägt denn?

Die Beziehungen zu Familie und Freunden, aber eben oft auch der Glaube oder die Suche danach. Er bietet Halt im Sturm des Lebens. Im Glauben finden Menschen aber auch ein Du in der Not, Trost in der Einsamkeit und neue Orientierungspunkte etwa in den biblischen Texten. Dennoch bleiben Fragen zurück.

Auch die religiöse Gemeinschaft spielt oft eine positive Rolle.

Viele Migrantinnen und Migranten finden in der Migrationsgemeinde ein Stück Zuhause, denn sie treffen hier auf Menschen, die Ähnliches erlebt haben wie sie. Hier können sie ihre Sprache sprechen. Sie erleben die Gemeinschaft mit allen Sinnen als einen Ort der Vertrautheit und der Ruhe, wo sie sich selbst sein können, ohne Druck, sich integrieren zu müssen.

Beobachten Sie auch negative Auswirkungen religiöser Gemeinschaft?

Wenn der gesellschaftliche Anschluss nicht gelingt, kann es zu Abriegelungs- und Rückzugstendenzen kommen. Die Betroffenen versuchen dann, in der Migrationsgemeinde so zu leben wie im Heimatland, sie konservieren ihre Glaubenspraxis und pflegen fast ausschliesslich soziale Kontakte mit ihresgleichen. Diese Glaubenspraxis wollen sie ihren Kindern mitgeben. Die Kinder erfahren den Glauben dann als etwas Starres, als Korsett und Zwang, von dem sie sich so bald wie möglich freistrampeln wollen.

Was können wir von den Migrantinnen und Migranten lernen?

Migranten sind nicht einfach Arme, Empfangende und Bedürftige. Ja, sie brauchen vielleicht manches mehr als andere, aber sie sind auch reich an Glauben und gelebter Solidarität. Genau das können sie. Viele Geflüchtete erzählen davon, wie sie Gottes Hilfe konkret erfahren haben, und werden so zu Zeuginnen und Zeugen der Nähe Gottes. Das kann gerade junge Leute hierzulande anstecken. Sie erleben ganz normale Jugendliche, die offen und unkompliziert über ihren Glauben sprechen, während sie selber in Sachen Religion zunehmend sprachlos sind.

Die Seelsorge für Menschen aus anderen Kulturen ist anspruchsvoll.

Menschen aus anderen Ländern haben oft andere Formen, wie sie ihren Glauben ausdrücken. Ihre Art zu beten etwa kann für Schweizerinnen und Schweizer anziehend oder auch irritierend sein. Umgekehrt können ausländische Priester oft nicht verstehen, weshalb Theologinnen in der Schweizer Pfarrei eine leitende Funktion übernehmen dürfen. Das Anderssein der Anderen führt dann zu Verletzungen, wenn es zu Ablehnung oder Ausgrenzung kommt. Darum braucht es wohlwollende Gespräche, um gegenseitiges Verständnis zu schaffen und gemeinsame Lösungen zu suchen – Brücken zu bauen.

Wie kann diese Seelsorge denn gelingen?

Es kommt auf den Blick an: Wie sehe ich den anderen? Interessiere ich mich für mein Gegenüber? Sehe ich in der Begegnung auch eine Bereicherung und (an)erkenne ich die Ressourcen des anderen? Im pastoralen Alltag müssen wir versuchen, mit dem Gegenüber auf Augenhöhe zu kommen. Es geht um Anerkennung und Wertschätzung und nicht bloss um Versorgung und Unterstützung. Das bedeutet etwa, dass man Dinge gemeinsam plant, durchführt und auch evaluiert. Dieses Miteinander muss geübt sein und es braucht die Bereitschaft für Kompromisse.

Was ist Ihr Fazit für die Seelsorge?

Für diese herausfordernde Aufgabe müssen die Seelsorgenden geschult werden, denn für eine wertschätzende Öffnung braucht es kulturelles Wissen und die Kompetenz, sich über kulturelle Unterschiede hinweg verständigen zu können. Leider gehen wir oft erst auf die anderen zu, wenn wir sie brauchen. Doch als Christinnen und Christen brauchen wir einander und Störungen in den erstarrten Gewohnheiten können heilsam sein.

4. Glaubensgemeinschaft als Ressource: Hilfe im Alltag, soziale Heimat – vier Unterstützungsarten

4.1 Die vielfältige Rolle der Migrationsgemeinden

Religion hat neben dem individuellen und persönlichen Glauben immer auch eine soziale oder kollektive Seite, denn subjektive Orientierungen sind auf soziale Interaktionen und Kommunikation angewiesen. Beziehungen und Austausch sind für die Entstehung und Absicherung, aber auch für die Weiterentwicklung religiöser Orientierungsmuster und -praktiken von grosser Bedeutung. Migrationsgemeinden als Sozialformen von Religion sind Organisationen, Netzwerke und Gemeinschaften, wo Religion praktiziert, verhandelt und weitergegeben wird. Sie sind aber auch Orte, wo Menschen sich zugehörig fühlen und formelle wie informelle Unterstützung erfahren. Gerade in Zeiten der Verunsicherung und der Prekarität, wie sie die Migration schafft, spielt die Migrationsgemeinde für viele Betroffene eine wichtige Rolle.

Die gemeinsame Religion kann aus einer Gruppe Unbekannter eine Gemeinschaft konstituieren, denn Menschen suchen Gleichgesinnte und wollen das, was ihnen wichtig ist, mit anderen teilen. Für viele Migrantinnen wird die Glaubensgemeinschaft bzw. Migrationsgemeinde zu einem Ort, wo sie Beheimatung finden. Hier treffen sie auf Menschen, mit denen sie Sprache, Kultur und Glauben, aber auch ihre Migrationserfahrungen teilen.

«Aber in dieser Zeit habe ich die spanische Mission (Bezeichnung für eine anderssprachige Migrationsgemeinde) kennengelernt. Es war optimal für mich, denn wenn man nicht so gut Deutsch spricht, dann kannst du in deinem Glauben nicht gut wachsen. Dann gehst du einfach in die Messe, weil du am Sonntag in die Messe gehst, aber dann hast du nichts verstanden oder gefühlt.»

MARIANA, 28, VENEZUELA

Hier stossen Migrantinnen auf Verständnis und finden Unterstützung. Im Schutz der Gemeinschaft können sie sich ihrer selbst vergewissern und ihr Selbstbewusstsein neu aufbauen. Gerade für Migranten der ersten Generation ist die Migrationsgemeinde eine Art Refugium.

«Viele Leute kommen in die Gemeinde und brauchen Hilfe. Wir haben eine Abteilung für Sozialfragen und eine Frau, die Übersetzerin ist und für verschiedene Gemeinden nebenbei arbeitet. Wir verlangen nichts dafür, oder?»

SAMUEL, 55, ARGENTINIEN

Weil sie sich um die zahlreichen Bedürfnisse ihrer Mitglieder kümmern, orientieren sich Migrationsgemeinden der ersten Zuwanderungsgeneration oft stark nach innen. Sie kennen diese Bedürfnisse meist sehr gut, da ihre Mitglieder auf ähnliche Erfahrungen zurückgreifen können.

Die nachfolgenden Darstellungen basieren auf den Resultaten der Studie des Schweizerischen Pastoralsoziologischen Instituts, die zwischen 2015 und 2019 durchgeführt wurde.

4.2 Vier Arten der Unterstützung durch Migrationsgemeinden

Migrationsgemeinden leisten vielfältige Formen der Unterstützung, die als vier Arten zusammengefasst werden können.

Informationen und praktische Hilfe im Alltag

Im neuen Alltag brauchen viele Migranten Hilfestellungen bei der Arbeits- und Wohnungssuche, beim Ausfüllen der Steuererklärung, beim Umzug, beim Einkaufen, bei der Übersetzung von amtlichen Dokumenten, bei Behördengängen und administrativen Angelegenheiten oder bei Fragen zu Schule, Bildung und Gesundheitsversorgung. Daneben benötigen sie Informationen über kulturelle Konventionen, die im Aufenthaltsland gelten, etwa bei Einladungen oder in der Begegnung und Beziehung zwischen den Geschlechtern.

«In die Mission kommen viele Menschen mit vielen Nöten. Wir unterstützen sie mit den Mitteln, die uns zur Verfügung stehen, bei der Arbeitssuche, zu Hause und allgemein bei der Orientierung im Alltag. Einige von uns bieten sich auch an, ein paar Stunden zu bügeln oder im Haushalt zu helfen, Texte für Anzeigen zu schreiben, damit sie z.B. ein Zimmer finden. Manchmal schenken wir ihnen ein Möbelstück oder helfen beim Transport. In der Mission gibt es auch eine Boutique, in der die Kleider gesammelt werden. Wir begleiten die Menschen, rufen sie an und fragen: ‹Wie geht's dir? Hast du was gefunden? Lass den Kopf nicht hängen.› Und wenn sie in die Gemeinde kommen, geben wir ihnen auch ein wenig Liebe, denn das ist, was sie am meisten brauchen. So fühlen sie sich aufgehoben.»

NATALIA, 55, DOMINIKANISCHE REPUBLIK

Oft übernehmen Personen, die bereits seit längerer Zeit in der Schweiz leben oder über ein spezifisches Fachwissen verfügen, die Funktion als Informanten oder Beraterinnen. Auch über Kurse oder Informationsbroschüren geben Gemeinden ihr Wissen weiter. Nicht zu unterschätzen ist der informelle Informationsaustausch unter den Gemeindemitgliedern, die selbstorganisiert über alltagsbezogene, persönliche, weltanschauliche und religiöse Fragen sprechen.

Dieser Austausch führt zu einem interkulturellen Lernprozess, bei dem sich viele zum ersten Mal bewusst werden, dass ihre Sicht des Lebens, aber auch ihre Alltagsroutinen keine Selbstverständlichkeiten darstellen. Im Schutz der Glaubensgemeinschaft erfahren sie von anderen, wie sie mit dem ihnen fremden Umfeld umgehen können und entwickeln dabei soziale und (inter)kulturelle Kompetenzen, um Anpassungen auszuprobieren.

Soziale Teilhabe und Beheimatung

In den Migrationsgemeinden finden Migrantinnen einen Ort, wo sie sich aufgehoben und zugehörig fühlen. Die gemeinsame Sprache und eine ähnliche kulturelle oder konfessionelle Prägung begünstigen das Gefühl der Beheimatung. Deshalb bilden grosse ethnisch-nationale Zuwanderungsgruppen oft mehr oder weniger monokulturelle Religionsgemeinschaften. Kleinere Zuwanderungsgruppen finden sich eher in multikulturellen Gruppen zusammen. Hier ist die Sprache oder ein bestimmter Religiositätsstil das verbindende Element zwischen den Mitgliedern.

Migrantinnen, die sich einer Gruppe zugehörig fühlen, fällt es leichter, Kontakte zu knüpfen und Beziehungen aufzubauen. Stabile Beziehungen und Freundschaften wiederum fördern das Gefühl der Beheimatung in der Gruppe. Für manche Migranten wird die Migrationsgemeinde zu einer Art Familienersatz. Sie hilft ihnen, den Verlust der eigenen Familie und Freunde wenigstens teilweise zu kompensieren.

Spirituelle Begleitung und Glauben teilen

Die Migrationsgemeinde hilft den Migrantinnen auch, sich mit ihrem Glauben in einem säkularen bzw. religiös distanzierten Kontext zurechtzufinden und die eigene Glaubenspraxis weiter zu pflegen. Wo eine unterstützende Glaubensgemeinschaft fehlt, wird der Glaube für viele zu einer Bewährungsprobe.

Religion ist auf soziale Interaktion und auf Kommunikation angewiesen. In einer Atmosphäre des Vertrauens kann über den Sinn menschlichen Daseins nachgedacht werden, und auch schwierige Erfahrungen können im Rückgriff auf religiöse Deutungsmuster neu betrachtet werden. Aus einer religiösen

Perspektive betrachtet, kann ein Ereignis plötzlich einen Sinn bekommen und als Teil der Lebensgeschichte angenommen werden.

«Aber die Gruppe macht dich… es sind kleine Samen, die immer mal wieder gestreut werden, in deinen Kopf. Dann hast du andere Gedanken oder du siehst die Dinge anders und neu. Dadurch beginnst du auch nachzudenken über Dinge. Weisst du, wenn du zu einer Gruppe gehörst, dann weisst du, dass sie dir die Bodenhaftung gibt.»

ALMA, 29, SPANIEN

Empowerment und Schutz

Personen, die in und durch die Gemeinschaft einen positiven Zugang zu religiösen Deutungs- und Orientierungsmustern finden und daraus neue Handlungsperspektiven entwickeln, erfahren hier nicht nur Empowerment, sondern auch eine Stärkung ihrer Resilienzfähigkeit.

Oft übernehmen solche Personen Verantwortung für sich selbst, aber auch für die Gemeinschaft – etwa durch freiwilliges Engagement. Das Gefühl, gebraucht zu werden und anderen helfen zu können, stärkt das Vertrauen in die eigenen Fähigkeiten und in sich selbst. Gleichzeitig bietet die Gemeinschaft einen Schutzraum, in dem sie Schritte wagen, Fehler machen dürfen und Neues dazu lernen können.

4.3 Zugänge zur Gemeinschaft: Türöffner, Vertrauensbeziehungen, Hindernisse

Nicht alle Menschen suchen den gleichen Grad an sozialer Teilhabe. Während die einen die Gemeinschaft nur ab und zu für den Gottesdienst besuchen, wollen andere Teil des Geschehens sein. Doch von diesen finden auch nicht alle auf Anhieb oder auf Dauer den erwünschten Zugang. Wer neu ist, weiss oft gar nicht, wo er oder sie anfangen soll. Viele bringen auch nicht den Mut auf, um sich selbst vorzustellen oder ohne Einladung einzubringen. Wenige schaffen es aus eigener Kraft. Die meisten sind angewiesen auf Personen, die sie ansprechen, den anderen vorstellen und so «das Eis brechen». Diese

Türöffner ermöglichen ihnen einen ersten Einstieg und sind auch ansprechbar, wenn Fragen auftauchen. Sie gehören meist zum inneren Kern der Gemeinde, verfügen über soziale Kompetenzen und wissen aus eigener Erfahrung, wie es ist, neu zu sein.

Wie Zugänge gelingen oder auch nicht

Für die Zeit nach der ersten Kennenlernphase braucht es weitere Personen, die gewillt sind, die Neuen in ihren Freundeskreis zu integrieren und mit ihnen eine vertrauensvolle Beziehung aufzubauen. Solche Beziehungen sind für Migranten sehr wichtig, denn meist finden sie erst über Vertrauenspersonen einen dauerhaften Zugang zur Gemeinde. An der Seite von Freunden fühlen sie sich wohl und ein Gefühl der Beheimatung stellt sich ein.

Wo Türöffnerinnen fehlen und eine Person nicht aus eigenen Kräften den Zugang zur Gemeinde findet, wird bei ihr das Gefühl wachsen, nicht willkommen zu sein. Über kurz oder lang wird sie sich zurückziehen. Manchmal werden Personen auch aktiv daran gehindert, einen solchen Zugang zu finden, etwa weil sie nicht den Normen und den Erwartungen der Gruppe oder der Gemeindeleitung entsprechen, zum Beispiel aufgrund von abweichenden theologischen, sozialen oder moralischen Überzeugungen oder Verhaltensweisen. Übersteigt der Konformitätsdruck der Gemeinschaft die Toleranzgrenze eines Individuums, wird sich dieses mit der Zeit von selbst zurückziehen, sein Engagement reduzieren oder die Gemeinde verlassen.

Der Mensch sucht Gleichgesinnte

Den meisten Migranten fällt es aus sprachlichen und kulturellen Gründen leichter, sich einer Migrationsgemeinde anzuschliessen. In den Ortspfarreien treffen sie zwar auf hilfsbereite Menschen, diese sprechen aber in der Regel ihre Sprache nicht und teilen ihre Migrationserfahrung nicht. Um hier Anschluss zu finden, müssen sie sich noch mehr anstrengen und fühlen sich am Ende vielleicht doch nie ganz «zuhause».

Menschen fühlen sich wohl unter ihresgleichen. Darum suchen sie mit Vorliebe eine Gemeinschaft, die zu ihnen passt. Wo diese Passung aufgrund der sozialen Zusammensetzung oder der religiösen Ausrichtung einer Gruppe nicht möglich ist, kommt es zu Fremdheitsgefühlen, die zu Konflikten oder gar zur Trennung von der Gemeinde führen können.

In grossen Gemeinden, die unter ihrem Dach Subgruppen mit eigener kultureller oder spiritueller Ausprägung beherbergen, sind solche Passungen leichter möglich als in kulturell und spirituell homogenen Gemeinden.

Wenn Abhängigkeiten im Spiel sind

Es kommt manchmal vor, dass Menschen sich in einer Gemeinschaft weder willkommen noch aufgehoben fühlen, ihr aber trotzdem die Treue halten. Aus religiösen oder familiären Gründen fühlen sie sich dazu verpflichtet und beugen sich darum dem Konformitätsdruck der Gemeinschaft. Andere haben keine andere Option, weil sie sich in einem Abhängigkeitsverhältnis zur Gemeinschaft oder zu einzelnen Repräsentanten der Gemeinde befinden. Sie kommen nicht ohne deren Unterstützung aus und fürchten den sozialen Abstieg oder die Isolation.

4.4 Migrationsgemeinden sind Refugien – manchmal kommt es zu Segregation

Das Bedürfnis, eine eigene religiöse Gemeinschaft zu gründen, wird immer dann zum Thema, wenn sich eine grosse Gruppe von Migranten dauerhaft in der Aufnahmegesellschaft ansiedelt. Die Gemeinschaft wird für die Neuankömmlinge zu einem Refugium, einer Art «ersten Heimat», wo sie ihre Sprache, Kultur und ihre religiöse Ausdrucksweise weiter pflegen und bewahren können.

Migrationsgemeinden mit einem hohen Anteil an Personen der ersten Zuwanderungsgeneration konzentrieren sich darum in der Regel vor allem nach innen, d.h. auf die Organisation der Gemeinschaft und die Mitglieder mit ihren vielfältigen Bedürfnissen. Damit übernehmen sie eine wichtige zivilgesellschaftliche Aufgabe, dennoch werden sie für ihr angeblich segregatives Verhalten oft kritisiert. Die Innenorientierung weicht jedoch in der Regel mit der zweiten und dritten Generation auf, denn die Aussenorientierung der Mitglieder nimmt aufgrund von Arbeitsbeziehungen, Freizeitaktivitäten und Eheschliessungen automatisch zu.

Hält die Innenorientierung über Generationen hinweg an, kann dies unterschiedliche Gründe haben. Sie kann das Resultat der Sozialstruktur der Gemeinschaft sein, etwa wenn die Mehrheit der Mitglieder im Niedriglohnsektor arbeitet und die finanziellen und personellen Ressourcen und Kompetenzen fehlen, um Aussenbeziehungen zu pflegen. Sie kann auch das Resultat von sozialer Ablehnung und Diskriminierung von aussen oder weltabgewandter religiöser Weltbilder und theologischer Dogmen von innen sein. Die Mitglieder der Gemeinschaft erfahren ihre Umwelt als feindlich oder dekadent und ziehen sich darum in eine Parallelwelt zurück. Manche setzen auch zur Offensive an: Mit missionarischen Bestrebungen oder militanten politischen Aktionen versuchen sie, die Umwelt zu verändern. Nicht jede missionarische Aktivität ist jedoch auf eine weltabgewandte Haltung von Individuen bzw. Gruppen zurückzuführen, so wie sich nicht jedes segregierende Verhalten einer Gruppe auf integrationsresistente Motive zurückführen lässt.

5. Migration als Herausforderung für die Kirchen

5.1 Pluralisierung als Herausforderung

Der Blick in die religiöse Landschaft der Schweiz zeigt, dass das Christentum eine Religion mit verschiedenen Facetten ist. Die Migrationsgemeinden tragen massgeblich zu dieser Vielfalt bei. Menschen unterschiedlicher Herkunft und Prägung finden in Gruppen und Gemeinschaften mit unterschiedlichen sozio-kulturellen Merkmalen zusammen und geben ihrer Religiosität auf unterschiedliche Weise Ausdruck. Diese Vielfalt an Gemeinschaften spiegelt das menschliche Bedürfnis wider, das «Ich» im «Wir» zu finden. Gleichzeitig wird deutlich, dass in der individualisierten und pluralistischen Gesellschaft die Devise «one fits all» längst nicht mehr gilt.

Die Tatsache der Diversität stellt für die Grosskirchen eine Herausforderung dar, obschon sie als Volkskirchen wohl noch nie homogene Gebilde waren. Sie unterscheiden sich aber hinsichtlich ihrer ethnischen und sprachlichen Diversität massgeblich voneinander. Während die römisch-katholische Kirche einen Anteil von 38% Menschen mit Migrationshintergrund hat, liegt der Anteil in den evangelisch-reformierten Kirchen bei ungefähr 9%. Unterschiedliche Kirchenverständnisse und -strukturen haben diese je eigenen Entwicklungen begünstigt.

Im evangelischen bzw. protestantischen Kontext verstehen sich viele Migrationsgemeinden als eigenständige Kirchen. Als frei organisierte und unabhängige Gebilde sind diese Gemeinden in sich oft sehr homogen, sie beleben aber das evangelische Feld durch eine hohe Dynamik von Gemeindebildungen und -abspaltungen und tragen so zu einer Pluralisierung im evangelischen Kontext bei.

Im katholischen Kontext tragen die Migrationsgemeinden direkt zur kulturellen und sprachlichen Diversifizierung der Ortskirche bei, denn sie sind integraler Teil dieser Kirche. Dennoch können die lokalen Pfarreien und auch die anderssprachigen Migrationsgemeinden als homogene bzw. monokulturelle Gruppen unter dem Dach der Kirche nebeneinander existieren.

Die Frage des Mit- und Nebeneinanders hat in den vergangenen Jahren für beide Konfessionskirchen an Aktualität gewonnen. Die folgenden zwei Interviews betrachten diese Frage aus der evangelisch-reformierten und der römisch-katholischen Perspektive.

Ein evangelischer Kontext

Gespräch mit Dinah Hess – Leiterin des Zentrums für Migrationskirchen in Zürich

Was macht das Zentrum für die Migrationskirchen?

Das Zentrum ist eine Anlaufstelle für Migrationskirchen. Am Anfang steht oft die Suche nach geeigneten Räumlichkeiten.

Wo sind die Hindernisse für ein vermehrtes Miteinander?

Es sind meist interkulturelle Basics, die zum Stolperstein werden. Ein Beispiel: Eine Kirchgemeinde geht bei der Vermietung eines Raumes davon aus, dass der Gottesdienst der Migrationsgemeinde maximal eineinhalb Stunden dauert. Aber das ist weit gefehlt, ihr Gottesdienst dauert mehrere Stunden und anschliessend wird auch noch miteinander gegessen. Der Raum bleibt also während Stunden blockiert und wird vielfältig genutzt. Wenn das im Voraus nicht klar kommuniziert wird, kann es zu unangenehmen Situationen und Konflikten kommen.

Geht die Zusammenarbeit auch über die gemeinsame Nutzung von Räumen hinaus?

Ja. Eine Migrationsgemeinde beteiligt sich mit ihrem Chor am Gottesdienst einer Kirchgemeinde oder man feiert gemeinsame Feste. Das sind alles bereichernde Begegnungsmöglichkeiten, doch ein Miteinander ist mehr als das. Oft scheitern die Bemühungen aber an fehlenden Ressourcen der Migrationsgemeinden oder an unterschiedlichen Vorstellungen. Es braucht darum von allen Seiten immer wieder die Bereitschaft, Dinge auch mal anders zu tun als gewohnt.

Welche Chancen sehen Sie in einem vermehrten Miteinander zwischen Kirch- und Migrationsgemeinden?

Es braucht ein Bewusstsein für einen Prozess des sich Kennenlernens und miteinander Unterwegs-Seins. Und es braucht Ressourcen. Ein solches Bewusstsein beobachte ich derzeit eher auf freikirchlicher Seite. Es wäre wünschenswert, wenn sich auch die reformierte Landeskirche der Thematik noch stärker annehmen würde. Bisher hängt das Gelingen von einzelnen Personen ab.

Auch die Migrationsgemeinden müssen dieses Bewusstsein noch weiterentwickeln, denn auch sie bleiben gerne unter sich. Im Hinblick auf die zweite und dritte Generation ist die Annäherung an die Landeskirche für sie jedoch wichtig, denn ihre Kinder wachsen in beiden Kulturen auf.

Was ist Ihr Fazit für eine gemeinsamere Zukunft?

Jede Begegnung, bei der man sich auf das Gegenüber einlässt, ist bereichernd und lehrreich. Es ist ja so: Unsere Kirchen befinden sich in einem Schrumpfungsprozess, während in anderen Regionen der Welt das Christentum vital ist. Nun kommen Menschen aus diesen Regionen zu uns. Da müssen wir uns doch fragen, was das für uns bedeutet. Was nützt es der Kirche am Ende, wenn sie das Miteinander mit den zugewanderten Christinnen und Christen nicht sucht, weil diese theologisch anders denken oder eine andere Liturgie praktizieren? Ein Miteinander bedeutet doch nicht, dass am Ende alle gleich denken und glauben.

Gespräch mit Thierry Schelling – Pfarrer im multikulturellen Renens-Bussigny

Sie waren bis vor kurzem Pfarrer einer multikulturellen Pfarrei. Was braucht es aus Ihrer Sicht, dass eine solche Pfarrei funktionieren kann.

In Renens-Bussigny haben wir folgende Erfahrungen gemacht:

- Es braucht polyglotte Pfarreiteams! Das sind multikulturelle Pfarreiteams mit Angestellten und freiwillig engagierten Männern und Frauen, mit Priestern, Diakonen oder Laien, die vom Bischof beauftragt wurden.

- Jede Gemeinschaft braucht Räume für ihre katechetischen und administrativen Aktivitäten, die sie selber gestalten kann.
- Es ist förderlich, wenn alle Gemeinschaften am gleichen Ort ihre Gottesdienste feiern. So lernt man voneinander, teilt Raum und Zeit und lebt Solidarität.
- Vertreterinnen und Vertreter aus allen (Sprach-) Gemeinschaften und aus dem gesamten Pastoralteam planen das Jahresprogramm zusammen. Die Aktivitäten der anderssprachigen Gemeinschaften gehören mit hinein und sollen wenn möglich auch allen offen stehen. Bei der Planung der Aktivitäten gilt es, die verschiedenen Sprachgemeinschaften immer im Blick zu behalten, damit am Ende auch alle etwas davon haben und Gemeinschaft möglich ist.
- Gerade in der Anfangsphase hilft es, wenn jede anderssprachige Gemeinschaft einen eigenen Pastoralrat hat. Sobald die Räte gut funktionieren, beginnen sie, vermehrt miteinander zu arbeiten. Ein Moderator/Hauptpfarrer begleitet diesen Prozess. Später kann dann ein Pastoralrat für die gesamte Pfarrgemeinde bzw. den Pastoralraum eingerichtet werden, der sich aus Mitgliedern aller Pastoralräte zusammensetzt.
- Es ist gut, wenn es pro Pfarrgemeinde/Pastoralraum eine Verwaltung gibt, in der jede Gemeinschaft durch ihren Quästor vertreten ist. So bleiben die Gemeinschaften autonom und solidarisch zugleich. Der Aufbau einer solchen Struktur braucht Zeit und Geduld und erfordert zwischenmenschliche und kommunikative Kompetenzen.

Welche Kompetenzen brauchen die SeelsorgerInnen in einer multikulturellen Pfarrei?

Keine Gemeinde kann heute von sich behaupten, dass sie nur durch eine Sprache, eine Kultur oder eine Nation repräsentiert wird. Eine multikulturelle Pfarrei/Pastoraleinheit braucht darum Seelsorgende, die

- mit Begeisterung gemeinsame Aktionen organisieren und durchführen;
- bereit sind, ihre Komfortzone zu verlassen, um anderen Menschen zu begegnen;
- nicht nur «ethnozentrisch» denken, sondern die Erfahrungen der Vielfalt aus einer pastoralen Perspektive neu betrachten;

- sich bewusst sind, dass es auf dem Weg zu einer multikulturellen Gemeinschaft Widerstände, Misserfolge und Hindernisse gibt;
- den Versuch trotzdem wagen.

Was ist Ihr Fazit für das Miteinander von Pfarreien und anderssprachigen Gemeinschaften?

Man muss an die Möglichkeit des Miteinanders glauben und dieses auch wollen, sonst wird alles vergebens sein! Lassen Sie sich nicht entmutigen, sondern halten Sie am Weg fest und versuchen Sie, auch aus den «negativen» Erfahrungen etwas Positives zu ziehen.

Es dauert mindestens drei Jahre, um ein neues Pastoralkonzept zu «testen». Im ersten Jahr unternimmt man erste Schritte, im zweiten Jahr verbessert man das Vorgehen, im dritten Jahr wird es konsolidiert, angepasst oder nach reiflicher Überlegung beendet.

5.2 Migrationssensible Pastoral als Kernanliegen der katholischen Kirche

Die katholische Kirche der Schweiz reagierte bereits Ende des 19. Jahrhunderts auf die Gastarbeiterbewegung und etablierte mit den «Missionen» die anderssprachige Seelsorge. Heute gibt es in der Schweiz mehr als 100 katholische «Missionen» für 17 verschiedene Sprachgruppen. Manche sind lokal organisiert, andere erstrecken sich über eine Region oder gar über die gesamte Schweiz. Manche Migrationsgemeinschaften sind kirchenrechtlich betrachtet keine eigenständigen «Missionen», weil sie an eine Territorialpfarrei angegliedert sind und manche bilden mit verschiedenen anderssprachigen Gemeinschaften zusammen ein Netzwerk, das von einem Hauptsitz aus betreut und verwaltet wird. Die Einzugsgebiete und die Zahl der Migrationsgemeinden bzw. der anderssprachigen Gemeinden sind darum schwer abzuschätzen, denn das Feld verändert sich laufend.

Auch von der zunehmenden Diversifizierung der Migration sind die Migrationsgemeinden betroffen. Selbst innerhalb einer Sprachgruppe existieren heute unterschiedliche kulturelle Gruppierungen, deren Mitglieder unterschiedliche Hintergründe und auch unterschiedliche Bedürfnisse haben. In ein und derselben Migrationsgemeinde gibt es beispielsweise Personen mit einem charismatischen und solche mit einem traditionellen Frömmigkeitsstil, gut situierte Fachkräfte und mittellose Sans-Papiers, liberal Eingestellte und Konservative. Das wird für sie zunehmend zu einer Herausforderung.

Daneben kämpfen die Migrationsgemeinden, ähnlich wie die Ortspfarreien, mit dem Phänomen des Priestermangels. Darum gibt es «Missionare», die mehrere Gemeinschaften einer Sprachgruppe betreuen und auch noch Dienste in der Ortspfarrei wahrnehmen. Letztere leiden neben dem Priestermangel auch unter rückläufigen Mitgliederzahlen und Ressourcen sowie unter der Überalterung. Für manche wäre darum eine Integration der oft jünger aufgestellten und dynamischen Migrationsgemeinden in die Strukturen der Ortspfarrei wünschenswert.

Die parallelen Strukturen der Migrationsgemeinden werden angesichts der aktuellen Entwicklungen, aber auch vor dem Hintergrund eines kirchlichen Selbstverständnisses, das keine ethnischen und kulturellen Grenzziehungen oder Standesunterschiede unterhalten will, zunehmend hinterfragt. Wie aber kann ein Miteinander gelingen, das ressourcenorientiert funktioniert, die gleichberechtigte Partizipation aller ermöglicht und gleichzeitig den besonderen Bedürfnissen der Migrantinnen Rechnung zu tragen vermag?

Migrationspastoral ist zu einer Kernaufgabe der Pastoral geworden, die ihren Übergangsstatus verloren hat und in der Verantwortung der Migrationsgemeinschaften wie der Pfarreien liegt. Wo das gelebt wird, akzeptiert die Kirche ihre eigene Veränderung und Veränderlichkeit. Sie lässt Vielfalt zu, lebt mit Unterschieden und Überraschungen, aber auch mit einer neuen Unübersichtlichkeit des kirchlichen Lebens und Glaubens.

Ein konstruktives Miteinander, das die Gleichzeitigkeit des Nebeneinanders zulässt, kann die Polarität zwischen Migrationsgemeinden und Ortspfarreien aufbrechen und Katholizität im Nahraum erlebbar machen. Es birgt aber auch ein Risiko für Konflikte, denn einheimische und zugewanderte Katholikinnen und Katholiken unterscheiden sich nicht nur in ihrer Sprache und Kultur. Es prallen unterschiedliche Amts- und Kirchenverständnisse, Geschlechterbilder und Glaubensüberzeugungen aufeinander. Eine gelingende Zusammenarbeit ist darum immer abhängig von den Kompetenzen und vom Willen der Beteiligten, eigene – auch theologische – Positionen und Routinen zu hinterfragen, voneinander zu lernen und Veränderungen zu wagen. Dies bedingt ein Klima des gegenseitigen Vertrauens und der gegenseitigen Wertschätzung, welches nur durch geteilte Erfahrungen und Begegnungen wachsen kann.

Gespräch mit Karl-Anton Wohlwend, Direktor von Migratio

Welche Bedeutung hat die Migration für die katholische Kirche in der Schweiz?

Die katholische Kirche Schweiz ist von der Migration betroffen und wird durch diese bereichert. Sie muss lernen, sich für diese Realität zu öffnen, mit Ungewohntem und Fremdem in Dialog zu treten, dieses zu reflektieren und nach Bedarf zu integrieren. Ein schöner Vergleich dafür ist die Inspiration, welche unsere Esskultur vor 50, 60 Jahren mit den italienischen Zuwanderern in die Schweiz erhielt.

Im kirchlichen Leben herrscht heute eher ein Nebeneinander zwischen Ortspfarreien und anderssprachigen Gemeinschaften.

Die Schweizer Kirche ging in den 60er Jahren davon aus, dass anderssprachige Gemeinschaften als kirchliche Einrichtungen nur einen vorübergehenden Charakter haben. Doch die Menschen sind geblieben und die anderssprachigen Gemeinschaften auch – sie sind zu einem Teil der Schweizer Kirche geworden, mit einem grossen spirituellen Reichtum. Immer mehr zeigte sich aber auch, dass die Pastoral in der Schweiz zweigleisig geworden war.

Was bedeutet das für die Zukunft?

Wir brauchen vermehrt den Austausch miteinander. Die Frage ist nicht so sehr, ob es Zusammenschlüsse zwischen anderssprachigen Gemeinschaften und Pfarreien geben soll, sondern, wie wir miteinander unterwegs sind und wie wir von unseren Stärken profitieren und die Kirche Schweiz gemeinsam weiterentwickeln können. Dieser Entwicklungsprozess wird nicht uniform und nicht überall gleich verlaufen.

Ist auch der Rückgang der Ressourcen eine treibende Kraft für ein vermehrtes Miteinander?

Diese Frage kann nicht generell mit einem Ja beantwortet werden. Es gibt jedoch Situationen, in die die ökonomische Dimension mit hineinspielt. Doch der angesprochene Entwicklungsprozess darf nicht auf eine wirtschaftlich motivierte Strukturreform reduziert werden.

Auch ein Nebeneinander kann sinnvoll sein.

Ja, beispielsweise für grosse oder lebendige Sprachgemeinschaften. Ein Nebeneinander macht aber auch Sinn, wenn die Teams in den Pfarreien gemischt sind, d.h. wenn anderssprachige Seelsorger Teil des Pfarreiteams vor Ort sind. Auch bei den unierten katholischen Kirchen macht ein Nebeneinander Sinn, denn sie feiern ihren Glauben in einem anderen Ritus.

Tragen auch theologische Differenzen dazu bei, dass ein Nebeneinander oft vorgezogen wird?

Dort, wo ein unterschiedliches Priesterverständnis bestehen bleibt, kann ein Nebeneinander von Pfarreien und anderssprachigen Gemeinschaften sinnvoll sein. Dieses Nebeneinander sollte aber von gegenseitiger Wertschätzung geprägt bleiben. Es braucht das Verständnis für das Anderssein der anderen und den Austausch mit den anderen. Es braucht ein Voneinander-Lernen, auch wenn wir nicht alles eins zu eins übernehmen.

Auf die Frage des Priestermangels haben viele anderssprachige Gemeinschaften beispielsweise keine Antwort, weil sie die Problematik bisher nicht kannten. Die Schweizer Kirche musste sich damit aber schon früh auseinandersetzen und hat ihre Sicht auf die Rolle der Frau und die Laien im Verlaufe der Zeit angepasst. Von diesen Erfahrungen und Lösungsansätzen könnten anderssprachige Gemeinschaften profitieren.

Was ist Ihr Fazit für eine zukünftige Pastoral?

Das Ziel ist, dass wir uns auf den Weg machen. Wünschenswert ist, dass sich daraus ein vermehrtes Miteinander ergibt, das facettenreich und farbig ist, je nach Ort und Situation. Vielfalt – sei es innerhalb einer Gemeinde oder darüber hinaus. Ein Rezept gibt es nicht, vielmehr geht es darum, diese Gemeinschaft im Dialog miteinander zu entwickeln.

Literatur

Die Ausführungen basieren auf Studien des Schweizerischen Pastoralsoziologischen Instituts:

Albisser, Judith/Bünker, Arnd (Hrsg.)
Kirchen in Bewegung. Christliche Migrationsgemeinden in der Schweiz.
Edition SPI, St.Gallen 2016.

Baumann-Neuhaus, Eva
Glaube in Migration. Religion als Ressource in Biographien christlicher Migrantinnen und Migranten.
Edition SPI, St.Gallen 2019.

Foppa, Simon
Kirche und Gemeinschaft in Migration. Soziale Unterstützung in christlichen Migrationsgemeinden.
Edition SPI, St.Gallen 2019.

Migration und Glaube:
Grundwissen für interkulturelle Pastoral.
Pastoralsoziologische Impulse 1
ISBN: 978-3-906018-22-5

Grafik Design: Sandi Gazic, www.sandigazic.ch
Porträts Illustrationen: Joël Roth, www.joelroth.ch